첼로가 그리는 가을

미네르바 시선 088

첼로가 그리는 가을

김도봉 시집

미네르바

가을과 가장 잘 어울리는 도시는 어디일까.

마로니에 낙엽이 나뒹구는
고즈넉한 뤽상부르공원을 거닐다 보면
어디선가 애수에 찬 샹송의 음률이
가슴속을 파고들고

추적추적 비 내리는 사유의 정원에
묵직한 첼로가 가을을 그린다.

적지 않은 나이에
시단에 입문한 지 8년
두 번째 시집을 상재한다.

2025 가을
김도봉

■ 차례

1부

2부

3부

4부

1부

봄을 내는 길

깊은 잠에서 허우적거리던 모르스 부호가
날렵한 몸짓으로 날아들어
살포시 눈을 뜬 꽃잎 위에 앉는다

무감각이던 뇌신경 회로에 불꽃이 튀고
어둠 속 커튼 사이로 오로라가 비치면
얽히고설킨 암호가 풀리기 시작한다

초원 속 제어할 수 없는 마차는
강기슭을 뒤집는 사나운 바람으로 휘몰아치고
극렬한 변주곡 속으로 빠져든다

망설임의 함정을 빠져나와
파르르 떨리는 입술

오선지는
나비가 팔랑팔랑 날아가듯 뽀송뽀송해지고
밀밭으로 선율이 길게 길을 내면
음표는 아득하게 나른해진다

호두주름의 비밀

꽉 찬 상자 속에 내밀한 기운이 있다
우주에서 전해오는
산처럼 쌓이는 에너지를
작은 상자 속에 욱여넣다 보니
처음과 끝을 알 수 없는 미로가 생겼다

하늘의 깊은 뜻과
무한 곡선의 비밀을 캐어 보려고
난해한 암호를 풀어 보지만
점점 더 멀어지고 생경해지는 너

파르테논 신전의 문양인 듯
속으로 신통한 주술을 품고
범접할 수 없는 비의秘儀를
고이 간직하고 있구나

가을비 내리는 그 나무 아래에서
주름 속에 새겨진 밀어와

곡선의 비밀을 캐려다가

알 수 없는 블랙홀로 빨려든다

이끼꽃

어스름 새벽
육백 년 전 기억 속에서
소리 입자들이 붉은 거문고 소리로 일어선다

계곡에서 피어오르는 양산보의 숨소리
돌담 위 죽은 듯 뭉쳐있던 담요 더미에
빛나는 가을 햇빛을 받으며
실꽃이 눈을 뜬다

물은 어디에서부터 흐르며
길은 어디로 이어지는가

길은 막혀있고 날은 새지 않아도
그들 초막 어두운 곳에서
흥얼흥얼 생명의 소리
꽃은 핀다

우주 한가운데로 한발 내디디며

눈을 감고 마음으로 비춰본다

사운 대는 댓잎 소리가 난해한 시를 읊고 있다

금전수

봄은 노루궁뎅이
궁뎅이가 한 번씩 흔들릴 때마다
가늘게 떨고 있는 연노란 솜털
한 움큼의 기억을 매만지며
애틋한 소식을 건네준다

안개비 내리는 아침
우주 저편
꾹꾹 눌러 참았던 신음이 새어 나온다

천지의 기운을 한데 모아
어둠을 헤치고 솟아오르는
생명의 몸부림

남아프리카 칼라할리 사막에서 전해오는
강력하게 치뻗치는 소리
부시먼족이 혀를 튕기며
행운을 부르는 소리 들려온다

푸르고 시린 하늘로 돌아가는
겨울 철새들의 소리가 숨 가쁘다

밤톨

초여름 하얀 눈이 온 산을 덮어
비릿한 냄새 천지를 진동할 때
양광의 기운이 깊숙이 파고든다

고슴도치처럼 함함한 새끼를 끌어안은
숲속 비밀의 방

가시 포대기 속 서로를 꼭 끌어안고
삼 형제, 살가운 정을 뜨겁게 달구며
한여름 뙤약볕에 단디 여물어간다

깊어 가는 가을밤
대지를 향해 톡톡 노크하며 내려앉는다
떨어지는 밤톨 속에
우렛소리
옹글게 하나씩 품고 있다

귀 기울여 본다
문득 고요의 바다가 아른거린다

은하 저 멀리에서 전해지는
우주의 고독한 두드림

산방산의 울림

성채에서 울려 퍼지는
천지를 진동하는 소리
소리가 푸르고 애동대동하다

오백 년 묵은 당목으로
옆구리를 쿵 내려치면
아픔은 땅속 바닷속으로 밀어붙이고
풀어 놓을 듯 말 듯 망설이며
오랫동안 가슴속에 품었던 울음을
끝내 토해낸다

산 하나를 통째로 떠메어
맥놀이 진폭이 커졌다 작아졌다
전생의 문턱에서 희미한 빛의 기억을 붙들고
부르르 떨고 있다

하얗게 부풀어지는 파도 소리가
밀고 당기며 오르는 날

천년의 시간을
안간힘으로 끌어당긴다

바다의 말

보자도르 곶*은
난파된 생의 무덤

바다에 돌을 던지면
가끔은 놀란 바다가
하얗게 물거품을 게워 낸다
물 본성의 무게가 움찔거린다

몸이 액체 속으로 들어간다
자아의 무게에서 벗어나
깊은 고요 속 자신의 숨소리를 듣는다

익숙함 또한 소중함의 저승
나 자신 숨겨져 보이지 않았고
공중에 부유하는 헛꿈으로 살았다

핀으로 고정된 나비
핀을 뽑는다

훨훨 하늘로 날아오른다

* 사하라 카나리아 제도 남쪽 암흑의 바다.

하심下心

나일강에는 맑은 물만 흐르지 않는다
에티오피아 고원의
뜨겁고 탁한 물도 섞여 흐른다

다투는 별들을 감싸주는 하늘처럼
오늘도 투정 부리며 달려오는 강물을
텅 빈 마음으로 바다는 감싸안는다

하늘과 바다가 마주 보면서
아득한 수평선이 되고
별과 강이 모여
한마음 한 몸이 된다

낮추고 또 낮추며
드넓은 가슴으로 푸르게 사는 바다
헐떡거리며 울부짖는 고래의 아픈 상처를 보듬어주는
바다의 곡진한 하심下心이 그곳에 있다

작은 멸치 떼들의 발자국 소리 들린다

지구의 고요한 숨소리 들려온다
아주 조용히

반가사유상

웃으면서 걸어 나오는 생각의 몸
듬성듬성 박혀있던 잔털 모두 벗겨내고
말끔한 아침 햇살 던지고 있다

한 걸음 두 걸음
다녀온 천오백 년의 거리
천상의 숲길에서 묻혀 온
해탈의 향기

바람에 날리는 문장은
뒷전으로 밀어놓고
생각을 몸짓으로 말할 뿐이다

국보라 이름 지은
사바의 어리석음에
다시 한번 입가에
미소를 흘린다

수련

저 꽃 속에
산사의 종소리가 웅크리고 있네

천 년 전 비명이 서려
통증이 되어버린 마음의 때 지우려
가부좌를 틀고 깊은 명상에 빠져
전생의 카르마를 뉘우치고 있네

내 안에 잠든 에너지를 깨우려
졸리는 눈 비벼가며
숨 가쁜 향기의 청초한 자태를 일으키고 있네

소리치는 눈빛으로
가뭇없이 호수를 뒤척이며
홀연한 바람이 되어
허정허정
산사의 풍경을 흔드네

구름미나리아재비

백일 중에 이틀만 날씨가 좋다는 백두산
산에 간 아재한테서 편지가 왔다

손을 뻗으면 하늘이 잡히는 곳
아재는 매일 아침 그곳에서
잠이 깬다고 한다

구름이 피아노 건반에 걸터앉아
멋들어지게 연주를 한다
차곡차곡 쌓여있는 편지 속에서 뛰쳐나와
합창하는 노란 병아리들

피아노 선율에 맞춰
성단의 별들도 내려와 함께 춤을 춘다

푸른 정신이 형상을 빚을 때
한참 지나간 역사가
우르르 달려와 조아린다

박자에 맞춰 뛰어다니는 신화 속의 신발들
온 산이 샛노랗게 물든다

거미의 한숨

푸른 허공에도 기(氣)는 있다
물컹한 구름에서 실을 뽑아
중력을 끌어당겨
뚝딱뚝딱 튼실하게 집을 짓는다

하얀 실핏줄에 혈류가 흐르고
전압이 올라가면
날아다니며 잘난 체하는 것들
거들먹거리며 집적거리다가
덜커덕 걸려들 것이다

팔다리를 쭉 뻗어 죽은 듯
한순간을 위한 정적으로
별들과 호흡을 맞춘다

방황하는 별빛
그 응징을 생각하며
은하의 강 너머를 응시한다

아를의 겨울

알프스 설산이 성큼성큼
론강으로 들어갈 때
이 밤 나도 지중해로 간다

엷은 카스텔라 빛 건물들
가로등 불빛이 을씨년스럽게 흔들리는 거리로
홀연히 오는 이는 누구인가

정신병동 창가에 걸린 메마른 라벤더
보랏빛 향기가 몽롱하다

귀를 자른 청년이 웃고 있다
가난 우울 공황
압박에서 벗어나 승리한 듯

녹슨 총에서 불빛이 번쩍 인다
늘 꿈속에서 간절히 그리워하던 별
눈앞에 너울거린다
한 오라기 빛이 훨훨 날아오르고 있다

매조도梅鳥圖

죽은 줄 알았는데
차가운 돌덩이인 줄 알았는데
따사로운 눈빛 닿으니
힘차게 맥박이 뛴다

우담바라 활짝 핀 봄날 같은 꿈속
윤슬처럼 반짝거리는 꽃봉오리가 살포시 피어난다

하늘에서 보내온 새벽기도 같은 작은 새
우주를 떠돌다가도
수 억겁의 인연을 떨치지 못하고
눈물이 그렁그렁
매정하게 헤어진 아비를 찾고 있다

짝을 이룰 수 있는 묘령이 되었건만
가까이 갈 수 없는 아비를 그리워하다
인연의 끈을 놓아버린 채
바람 소리를 끌어당기며 속세를 벗어나
먼 길을 떠난다

〈
안타까운 혈육의 정을 잊지 못하고
외롭게 홀로 하늘가를 떠돌고 있다

소내나루*의 이별

기어이 떠나보내야 하는가

성난 파도로 밀려오는 무력감이
살얼음 끼인 소내나루 강가를 배회한다

자욱한 안갯속으로
찬바람 가득 안고 떠나가는 배

내 하늘에 거주하는 빛나는 성단이
오늘은 하염없이 허물어져
세포 속 깊이 숨죽여 있던
미토콘드리아들이 파르르 떤다

오랜 악몽의 주술에서 풀려나와
살아생전에
애기흰나비의 날갯짓 소리를 들을 수 있을까

고목이 된 홍매화 가지에
언제 어디에서 날아들었는지

초록 깃의 작은 새 한 마리

소리 죽여 울고 있다

* 다산 정약용이 태어나서 죽은 곳.

겨울비 그리고 빈집

폐허의 흔적들이 길게 드리우며
우주의 만상들
무상함을 일깨워준다

겨울비
그 집 주변을 배회하고 있다
가득 차 있는 공허가 찢겨 나부낀다

빈농의 고단함이
삐딱하게 누워 있던 곳
지금은 그 고독마저 날아가 버리고
그 자리 호젓한 말의 싹이 움트고 있다

그대 육신 또한 빈집일 터
어떤 흔적을 가슴에 그리며
집을 짓고 있는가

겨울비가 빈집 안으로 들이친다

첼로가 그리는 늦가을

가을비 음산히 흩뿌리는 날
숲속에서 꿈꾸던 바람 소리에
가을비 자박자박 가랑잎을 밟고 있다

부드러운 곡선이 반복되어 흘러가는 세느강
물 어귀를 넘나들던 풀벌레 울음소리도 잦아들고
움켜쥐고 있던 상념에 빗물이 내린다

박음질 된 내재율을 가슴에 안고
흘러간 시간들을 해후하면
느슨한 첼로가 늦가을을 그린다

땅속을 파고드는 음울한 음률

벤치에 몸을 웅크리고 있는 노신사 어깨 위에
흐느끼는 고혼
밤공기를 가른다

2부

꽃의 상상력

향기 품기 좋은 날
혹독하고 낯선 길을 걷고 또 걸어
미지의 세계로 알을 깨고 나온다

돌 틈에서도
해왕성에서 온 편지를 읽으며
함께 묻어온 체취를 맡고 있지

그 누군가에게 향기를 전하려고
자기를 돌아 볼 시선들을
소리 없이 길러내고 있지

간절하게 원하던 색을 기억하며
겨우내 길어 올렸던 기다림의
빛깔을 건네고 있지

별들의 숲

붉게 타오르는 폭풍해일이
마을을 집어삼키고
이 산 저 산을 지배한다

수많은 생명이 쓰러질 때 비명소리
허공에서 맴돈다

육신을 벗어난 영혼들
고흐의 별이 되어 반짝거린다

생명들 사라진 자리에
별빛이 앞다투어 내려오고

우주의 씨앗
비명소리 지나간 자리에 파종한다

빛들의 싹
별들의 숲

〈

다시 우주로 오르는 길이 열린다

땅강아지

난쟁이 똥자루만 한 키에
귀여운 강아지 얼굴의 사내
게걸스러운 기름이 번질거린다

입술 양쪽에
쭉 뻗은 교활한 수염 한 쌍
트레이드마크다

해가 어스름히 지기 시작하면
그의 하루는 시작된다

더듬이가 시키는 대로
수수 뿌리 썩는 냄새 풍기는 곳이면
쨍하며 나타나고
두 손 비비는 데에는 타고난 끼가 있어
밥을 굶는 일이 없다

하는 짓은 밉상인데
뛰어난 순발력 덕분에

유들유들하게 이곳저곳 기웃거리다
여차하면 진드기처럼 숨어버린다

오늘 밤은 어느 암내 풍기는
구덩이를 찾아 질탕하게 놀아 볼까

둥지 속 사 형제

은하에서 내려온 별들
밤새 부둥켜안고 부석거리더니
채송화 봉숭아 나팔꽃 민들레
오종종 곰살궂은 마을을 이루었네

빛바랜 흑백 사진 속
앙증맞은 사형제
가마솥 뚜껑만큼 작은 마을에
손과 손을 마주 잡고 나비처럼 팔랑거리네

만화경 속으로 뛰어 들어간 아이들
반짝거리는 무지갯빛 합창 소리 들으며
황홀하고 신비한 이야기에 빠져드네

숨바꼭질하며 기웃거리던 추억들
풋풋한 소싯적 노래를 주워 담고
가슴속 깊이 간직했던 아른거리는 사연
따가운 봄빛에 샛노랗게 익어가네

소리로 오는 봄

천년의 침묵을 부숴가며
봄은 소리로 온다

깽깽이풀 수런수런
각시붓꽃 입술 봉긋
히아신스 꽃향기 뿜어내는 소리

문수암 올라가는 길
땅속 깊은 곳에서 꿈틀거리던 음파가
나이테를 타고 돌고 돌아
우듬지에서 낮달을 보고 목청을 돋운다

바위처럼 얼어붙은 개울물도
더 이상 버틸 수 없는 듯
찌억쩍 항복의 소리를 내지르고

천방지축 올망졸망 올챙이들
봄 햇살이 따가운 듯
하얗게 바랜 눈망울이 노곤노곤 껌뻑거린다

파사석탑婆娑石塔[*]

붉은 깃발을 펄럭이며 달려오고 있다

죽을 고비를 수십 번
찢어지고 빛바랜 깃발
운명의 님을 그리며
수만 리 길을 헤쳐 왔다

성단의 별들이 내려와 길을 밝히고
축복의 물길이 천지를 일깨운다

황금알의 나라에 문이 열리고
분주한 계절이 드나들며
풋풋한 알들을 주워 담는다

고향의 신령스러운 돌
진한 그리움에
쓰담쓰담
어느새 물렁물렁
붉은 꽃이 피었다

〈

거친 파도를 잠재우고
침묵이 되어 천년을 살아간다

* 김해 김수로왕비릉에 있는 돌로 만든 탑.

혼의 소리
— 라흐마니노프 피아노협주곡 3번

잔잔한 내면의 호수 위에
일렁이는 물결
달빛에 비친 윤슬이 반짝인다

먹이를 찾던 작은 벌레 한 마리
바람 소리에 놀라 쏜살같이 달아난다

엄마의 눈을 사랑스럽게 맞추며
젖비린내 나는 아가의 옹알거림

매혹적이고 늘씬한 발레리나들
나비처럼 사뿐히 날아오르다가
은반 위를 미끄러지며 내 달린다

갓 잡아 올린 물고기가 팔딱거리며
맥박이 빨라지고 있다
포식자의 으르렁 으르렁거리는 소리
먹이를 향해 맹수가 돌진한다
〈

험준한 산맥 더 넓은 평야를
밤새워 달려온 적토마
가쁜 숨을 길게 몰아쉰다

산사로 가는 길

나동그라진 돌들이 벌떡벌떡 일어나
힘을 모아 층층이 탑을 쌓는다

말 화살을 맞고 시름하는 중생들
붉은 인연의 녹을 지우려
밤을 새워 쓰라린 아픔을 담금질한다

각양각색으로 생긴 탑의 얼굴에
이끼 덧칠을 하면
엉키고 뒤섞인 질곡의 상흔들
우주에서 보내오는 알 수 없는 문자로 되새겨진다

바위틈 사이 물구나무로 서 있는 소나무
밤이슬을 먹고 시나브로 성장하는 소원꽃에게
열원熱援의 힘을 보탠다

소나기 퍼부은 돌에 핀 꽃들
도솔천을 건너고 있다

만조

끌려가지 않으려 바동거리는 해
저 장렬한 저항
피를 토하며 검붉게 쓰러진다

지평선 너머에서 솟아오른 싱그러운 바람
밀고 밀치며 달려오고 있다

거나하게 취해 붓을 휘두르는 구름을 나무라며
하얗게 소리치는 파도
어둠을 담금질한다

피안의 세계에서 건너와
구석구석 시부적시부적 스며들다가
어느새 목덜미까지

밤의 정적 속에서
달이 찬 만삭의 몸으로
광활하고 아뜩한 우주를 만난다

백내장 수술 스케치

언젠가부터 뒤틀린 유전자가 뻗어 내린
사람의 눈은 수정되어야 한다

초록색 테두리에 붉은색 달무리
머리가 두 개 달린 우주선이 날아간다

향료 같은 마취약이 퍼진 후
폭포수가 쏟아진다

이중섭의 황소가 나타났다가
샤갈의 마을에 눈이 내린다

달의 뒤쪽으로 우주선이 내려앉고
여기저기 얼룩덜룩한 자국들
폭포수에 씻겨
구름이 낀 것처럼 뿌옇던 하늘이
은빛으로 반짝이기 시작한다
〈

우주복과 모자를 벗으며

미세먼지가 사라진 밝은 세상을 꿈꾼다

빙하의 울부짖는 소리

바닷속 깊은 곳에서 들려오는 늑대 울음소리
겁에 질린 흰돌고래가 고향을 떠난다

더 이상 버틸 수 없는 듯
부둥켜안고 있던 손아귀의 힘이 서서히 풀린다
푸른 만년설을 조여 오는 저주

샤먼의 비명소리가
크레바스에 빠져 허우적거린다

무위로 흘러가며 부딪히는 이기적인 생각들
아슬아슬 곡예를 하고 있다

침묵 속에 갇혀 있던 죽음들
대금 소리에 취해 부스스 일어나고
동면에서 깨어난 구석기시대 바이러스가
묵은 전설을 털어놓는다

썰매의 꿈

철사는 꿈꾼다
썰매의 발이 되어
바람을 뚫고 들어간다
춥고 두꺼운 겨울의 벽

벽의 틈을 향해 뛰어들면
오로라 피어오르는
원시의 궁전

모닥불에 둘러앉아
톡톡 삭정이를 태우며
한 오십 년쯤 시간을 살라 버리고

콧물로 반질거리는 옷소매 들어 올려
먼 하늘을 잡아당기곤 했다

두꺼운 바람 속에서
아직도 썰매는 꿈꾸고 있다

불멍

가슴속 깊숙한 응어리를 불사른다

너울거리는 장작불 가락에 맞춰
춤추는 무희
하늘을 찌르는 검투사의 칼끝이 매섭다

오로라의 눈빛이 번득거린다
이내 붉은 장미꽃이 피어난다

타오르는 불꽃에 깊숙이 빠져들다가
내 속에서 빠져나간 나를 만난다
눈에 불을 켜고 고함치고 있다
치열하게 살아가지 못하는 나를 꾸짖고 있다

불꽃이 묻는다
갑자기 피안의 강가에 다다랐을 때
웃으며 떠날 준비가 되어있는가

부지깽이로 불꽃을 다독이며
일렁이는 회한을 가슴에 묻는다

낡은 소파

분리수거장 앞에 고개를 떨구고
후줄근히 비에 젖어 떨고 있다

빛바랜 수국을 바라보며
무언가 말하고 싶어 눈을 껌뻑거려 보지만
실없이 버벅거릴 뿐

후들거리는 다리는 휘어져 삐덩거리고
팽팽하던 피부도 폐광처럼 어둡다

몸에 정기가 다 빠져나간 듯
멍 때리며 힘없이 허공을 바라본다
카르마의 굴레가
빛과 그림자를 짊어지고 굴러간다

늦가을 석양빛이 길게 드리운 날
가지 끝에 찬 바람 소리 비틀대고
검은 영구차 바퀴 소리 점점 가까이 다가오면
꿈속에서 그리던 작은 별로 날아가려나

송설松雪

늠름한 자태
우련하게 향기를 자아내며
푸른 만다라로 서 있다

세월의 지난한 무게에 휘어진 등허리
보리심으로 세상을 품어 안는다

싱그럽던 초록 눈빛에
하얗게 눈이 내리고
가라앉은 목소리에 내공이 깊게 배어 있다

수억 광년 우주 밖에 떠돌던
광선 한 줄기
그의 백년지기 친구
붉은 벽돌집에 내려앉는다

솔방울들의 뼈가 굵어지고
영혼의 근육이 단단해지면
그들과 헤어져야 할 시간이다

석부작石附作 1

절벽에 달라붙는다

거친 바람이 떼어내려 해도
발톱을 세워 차가운 돌덩이에 밀착한다
손끝에서 피가 흐르도록

저 준엄한 견고의 틈을 찾아 내리는
끝없이 강인한 사랑
햇살 거리는 웃음 지으며
맑은 영혼으로 살아가는 풍란

나무는 안다
사랑도 외롭다는 것을

지나가는 구름에게도 말을 걸고
안겨 오는 안개에게도 순정을 쏟는다는 것을

가을이 오면
바다는

오래전 떠난 그 사람을 그리워하며
보랏빛 차가워진 얼굴로 울고 있다

석부작石附作 2

아차 하면 부러질세라
아등바등 두 귀를 곤두세워 버티는
간절한 모정
젖은 행주치마 다 닳아 울고 있다

매서운 겨울밤의 횡포
구멍 난 양말에서 삐져나온
야위고 동상 걸린 발가락
엉금엉금 힘겹게 기어오르는데

고통의 임계점에서
점성을 잃어버린 오라기
갈 길을 잃어버리고 버벅거린다

천년의 숨결이 살아 숨 쉬는 진흙 속
한 올 허기진 씨앗으로 웅크려 있던
새하얀 꽃이 솟아오른다

어둠을 비집고 나온

하늘과 땅을 아우르는 생명력의 결정체

곡선과 곡선으로 휘어져 감긴
춤사위가 아른거린다

3부

메멘토 모리

대나무 소쿠리 위를 기어가는 바구미
히말라야를 오르는 듯 숨이 차다

소쿠리 한 바퀴를 완전히 돌면
지구 한 바퀴

우주의 창문이 열리고
내려다보는 눈이 있다
바구미처럼 꼬무락거리는
인간들의 웃픈 모습들

한 치 앞을 내다보지 못하고
천방지축 거들먹거리는 그들
돈과 권력의 노예가 되어 허우적거리다
한순간에 천 길 낭떠러지로 떨어진다

처음 본 듯한 장면 같지만
불과 얼마 전 보았던
메멘토 모리

10월의 비스바덴[*]

물안개 뭉긋거리는 호숫가
물속 깊이 가라앉아 있던 애수哀愁의 운율이
너도밤나무 숲 산길에서 깨어난다

숲속을 걷는다
생의 마지막을 떠나보내기 아쉬운 듯
풀벌레들 울부짖으며 길을 막는데

붉게 빛을 발하던 환상의 숲
음습한 바람이 뼛속을 파고들어
황량한 행성이 된 젖은 가슴이 눅진거린다

저 호수 위에 떠 있는 검은 배
누구를 데리러 저승에서 왔나
아무리 손을 뻗어도 달아나 버리던 작은 새
이젠 보내 줘야지

빗방울 흩날리는 파동으로

잠시 잊었던 우수의 선율이 다시 폴짝거린다

* 프랑크푸르트 근교 숲이 좋은 온천 도시, 브람스 교향곡 3번
을 작곡한 곳.

클라라*
−브람스 교향곡 3번 3악장

비 그친 호수
사랑부전나비
지쳐 넘어진 수련을 부추겨 일으킨다
햇빛
무대 위 엑스트라처럼 무심히 지나간다

누구의 손짓일까
애틋한 선율 구름 타고 내려온다

아무리 허우적거려 보아도
잡히는 건 허공뿐
절절하게 아리다

땅속 깊숙이 묻혀있던 아라홍련이
긴 세월 간절한 소원을 간구하여
자성의 햇살을 만나듯
다음 생에는 연을 맺을 수 있을까

* 슈만의 아내, 브람스의 연인.

겨울 장미

– 조세핀의 말메종

정원 가득 가을이 깊다

야물고 오달지던 마로니에도
음습한 바람을 이기지 못해 비틀거리고
센강물은 괜스레 울적하고 서늘하다

저마다 끼를 뽐내며 잘난 체하던 것들
시간의 화살을 맞고 고개를 떨군다

불면을 껴안고 쩔뚝거리며 찾아오는 저녁
적막의 중압이 누르고 있다
암시도 없이 갑자기 공허가 덮치고
커피 향이 바닥을 훑으며 검붉게 번진다

불현듯 스며드는 그대의 환영
숨소리 가득 가슴속을 두근거리게 하고
파르르 떨고 있는 외로운 꽃잎
오늘도 하얀 밤을 지새우고 있다

헬싱키의 11월

어둑발은 슬픈 기색으로
오후 3시를 적신다

내 키만큼 자란 하얀 설벽이
길손의 앞길을 밝히고
멈췄던 눈이 다시 하늘 가득 퍼붓는데
크로스컨트리 선수가 이민 가방을 끌고
헉헉거리며 눈길을 기어간다

인니 여공의 땀이 범벅이 되어
미싱의 가는 길을 삐뚤삐뚤 막아서고
실망과 분노의 상승곡선
가슴 밑바닥에서 회오리치며 올라오는 비릿한 구역질

몰트위스키 속에 빠져 퍼덕거리는
핀란디아의 음률이
불면의 밤을 건져 올린다
〈

잠시 머물다 가는 나그네
시간 앞에 서러운 존재

울림

허리 굽은 밀레가 걸어 나와
이삭줍기할 듯한
더 넓은 바르비종

고뇌에 찬 얼굴
외로움과 청정함이 가득한데
퐁텐블로 궁전으로 그를 불러낸다

화전민이 버리고 간 강원도 오두막에서
날마다 버릴 것을 갈구한 님
개울물 소리 따라와 친구가 된다

얽매이지 말고
텅 비어 있어야 거기 울림이 있다고
그래야 신선하고 활기차게 살 수 있다고

유난히도 꽃을 좋아하다가
아름다운 봄날 떠나간 당신
〈

어린 왕자가 사는 작은 별나라로

장미 한 송이 꺾어 들고

훌쩍 가버린 님

유리 꽃병

내 책상 위에
곤하게 잠이 든 바다

풍랑과 치열한 사투를 벌인 듯
목선의 옆구리가 너덜너덜하다

털이 무성하고 널찍한 가슴
두건을 쓴 근육질의 사내
안도감과 불안감이 교차한다

검은 사막 꿈의 달빛에 아롱진
요염한 눈빛의 페르시아 여인
유리 꽃병 속 짙은 향기 아롱거리고
잘록한 허리 밤의 눈까풀을 꼬집는다

은하에서 별들이 한바탕 내려와
코발트 빛 꽃병 위에
오색영롱 반짝거리며 쌓인다
〈

질긴 인연의 끈
철의 왕국 신라에서
신비한 빛을 휘감고 있다

굴렁쇠

사각 칠판 사각 책상 반듯한 사고思考
꼼짝달싹 좁고 갑갑한 교실
거미줄처럼 얽힌 미적분으로 갇혀 있다

불뚝불뚝 팽팽해지는 근육
분수처럼 솟아오르는 생각 공장
그녀를 그리는 머릿속이 파르르 감전된다
교실이 쿵쾅거린다

교문을 박차고 하늘로 뻗은 신작로를 내달린다
용오름을 찾아 굴렁쇠를 굴리면
동그라미 속 영롱하게 빛나는 비눗방울

잠과 어둠 사이를 맴돌다가
가만히 손을 뻗어 구겨버린 네모 상자 속
고통과 지혜의 무게를 더듬거린다
열아홉, 비등점을 향해 들끓는…

순간의 미학

숨 막히고 살 떨리는 순간이다

고흐의 신비하고 진한 청색을 가슴에 안은
솜털투성이 노루
절룩거리며 일어선다

눈에 어른거리는 손짓이
얼음공주들을 불러낸다
엉덩이 비벼대며 땅꼬마들 모여든다
동강고랭이, 너도바람꽃, 노루귀
수다가 새벽을 연다

계곡이 얼음 몽둥이를 들고 길을 막아서는데
둔덕엔 염화의 미소가
피어나고 있다

은하에 떠도는 광채가
엄혹한 겨울을 걷어 내고 있다

저녁

석양이 붉게 그려진 여울목
신들린 붓끝이 가을의 눈빛을 그린다

은빛 은어가 중력의 심술에 부딪혀
곡선을 그리며 아프게 반짝거리고
개울가 둔덕에 털썩 주저앉은 저녁
국화꽃 한 다발을 끌어안는다

중독의 골짜기에서 허우적거리며
지워지지 않는 눈멀었던 사랑
솟구치려 애를 쓰면 쓸수록
애착의 수렁 속으로 빠져들던 무심한 시간들
산사의 풍경소리에 화들짝 놀라
꽃이 새가 되어 날아간다

온통 별들로 꽉 찬 하늘은 무도회장
격정의 반도네온*에 맞춰 탱고 춤을 추며
몽롱하게 취한 별들이 갈지자를 그린다

칠흑 같은 심연을 떠돌며

* 아르헨티나 탱고에서 애용되는 개량된 아코디언.

보이지 않는 그 너머

눈보라는 하늘 문을 닫아 내리고
나는 시지프스의 돌덩어리를 밀어 올리며
팽팽하게 얼어붙은 절벽을 기어오른다

아차 한 발 잘못 짚으면
천 길 지옥으로 내동댕이쳐지는 벼랑 끝

사띠* 수행을 하는 길
아직 미혹의 굴레를 벗어나지 못하고 있다

예리한 비수가 되어 눈을 찌르는 가르침
깨어있는 마음에 환한 불을 켜라

연화는 어디에 숨어 있는 것일까
얼음 궁전엔
잔혹의 열화가 응고해 있다

달빛은 거무튀튀 얼어붙고

하늘 문은 끝내 열리지 않는다

* 알아차림, 마음 챙김.

파리 뒷골목
−사라진 지갑의 미궁

지각판이 요동을 치고
산채만 한 해일이 덮쳐
의식이 통째로 쓸려 나간 밤
심장이 피를 토해내며
하얗게 타버린 뇌를 보챈다

에레보스에 걸려든 것인가
끝없이 돌아가는 수레의 바퀴가
한순간 삐거덕 나락에 빠진 것인가

육신은 검은 바다
칠흑 같은 어둠의 난파선이 표류하고 있다

바다를 감싸는 공포의 마대
찢겨진 내일이 숨죽이고 있다
어디에도 등대는 보이지 않는다

내 안의 꽃

수도암 오르는 돌짝밭 비탈길에
기도 수행하는 수백 개의 돌탑들
눈을 감고 묵상에 들었다

자줏빛 여인들
무릎을 꿇고 갓난아기 어루만지듯
한 개 두 개 탑을 쌓으며
내 안의 꽃들이 활짝 피기를 염원하고 있다

대지를 불살라 버릴 것 같은
한낮 뜨거운 기운을 한껏 들이키며
보라보라 꿈이 영글어간다

시냇물 서늘하게 싱그러워지면
풀벌레 울음소리 어스름한 저녁놀을 베어 물고
숲이 내려보내는 바람 소리에
등이 굽은 늙은 소나무 허리를 편다

분신
-톱밥

톱날에 잘리며 뿜어내는
저 분신들의 아우성

땅속 깊은 곳에서 끌어올려진 생명의 물이
목재 공의 어깨에서
비릿한 정액 냄새로 다시 살아난다

한 알의 씨앗으로 지상에 굴러떨어져
모진 비바람을 버텨 이겨내고
늠름하고 수려하게 자리를 잡는다

한여름 욱욱한 시간이 뜨거워진다
허리가 굵어지면서
활동성이 있는 정자를 생성해 내는 것도 잠깐

하늘을 찌르듯이 타오르던 기세도
세월의 무게를 견디지 못하고
고통의 맥놀이를 마음에 새기며
한순간 삐거덕거리며 주저앉는다

〈

붉게 타오르며 온 산을 가득 메우던 가을 향취
긴 여운을 남기며 깨어난다

스카프

그의 표정이 예사롭지 않다
몽골 캐시미어의 따뜻함과
아프리카 화초의 푸르른 생명이 보석처럼 빛난다

콧대를 세우며 거리를 활보하는 여인
어깨에 우아하게 걸친 스카프
형형색색의 색깔이 향기롭다
뭇시선들에 아랑곳하지 않는다

길바닥을 구르는 스카프
바람에 떠밀려 갑자기 차도로 빨려든다
속도가 그를 향해 달려든다

밤 깊은 시간
잠자다 일어나 도로를 방황하고 있는 여인
목에 매지 않은 것을 자책하다
거침없이 질주하는 차들을 비켜 가며
두리번두리번 아찔하다
〈

저 높은 곳에서 추락하여
바닥을 질척이는 그
바퀴가 뭉개며 감아올린다

그 많던 꿀벌들은 누가 죽였나

칼은 쇠로만 만들까
때론 생각도 말도 칼이 된다
오만과 오판으로
칼의 날을 갈고 있는 족속들

칼로 나무를 베고 뿌리를 찌른다
산을 부수고 강을 자른다

자기의 가슴속 어둠을 숨기며
억압의 대상으로만 삼을 뿐
미친 듯이 도끼질에 칼춤을 춘다

꽃이 사라진다
벌들이 죽어간다
오염된 햇빛에
번쩍이는 칼, 칼, 칼
독한 칼이 생태계를 파멸시킨다
너 자신을 죽인다

그해 겨울

먼 행성에서 전해오는 낯선 발자국 소리
복수가 차오른 산을 가쁘게 오르다가
꿈길에서 연신 손가락을 짚으면서
날짜가 좋지 않네, 좋지 않아

어쩔 수 없이 내려가는 길
눈 덮인 산야를 눈에 담고
이승의 마지막을 가슴에 묻으며
함박눈이 쏟아붓는 정월 초하루
가뭇없는 먼 길을 떠났다

주린 배를 몰래 수돗물로 채운 그 남자
엄동설한 짐을 가득 실은 트럭 위에서
칼바람에 실려 오는 아픔을
화폭에 담았던 시간은 덧없이 가고

끝을 알 수 없는 낭떠러지로 떨어진다
형형색색 만장이 너울거리고
음험한 폭포 소리
한줄기 영롱한 초록빛이 하늘로 치솟아 오른다

4부

백로白露와 취나물

풍금 소리 위의 처녀들
흰옷으로 모여드는 오후의 빛

발목을 곤두세우고
허리를 젖혀
백로가 날아오른다

하늘도 수줍어 살포시 웃고
개울물에 실려 오는 어둑살
쿵쾅거리며 뛰던 심장을 서늘하게 적신다

골똘한 생각 스며들어
그림처럼 서 있는데
부추꽃 더미 풀무치 울음이
가을을 재촉한다

전생의 빛깔

고구마 파는 중늙은이의
종이 상자를 뜯은 누런 마분지 쪼가리
삐뚤삐뚤 글씨로 눈인사를 한다

한 무더기 삼천 원

시간을 뒤집어쓴 꽃이
버스에서 쏟아져 내리는 별들을 끌어안는데
며칠째 끼니를 거른 듯
슴벅슴벅 나른한 눈빛에 핏기가 없다

꿈속, 박물관 대리석이 게슴츠레 걸어와 안긴다
차갑게 밀려오는 회색빛
미라에서 꿈틀꿈틀 새어 나온 주취
멍한 머릿속을 소리 없이 잠식한다

갈비뼈 사이사이 파고드는 외로움을 누르며
이집트 상형문자가 일러주는 길을 따라간다

잠의 주술에 빠져

가보지 못한 전생의 먼 시간을 배회한다

윤슬의 내력

수억 년 내려오는
슬픈 전설의 풍광이 서린
묵언의 긴 행렬

바람의 심술이
걸어온 길을 비틀어도 보지만
여울은 쉼 없이 가던 길을 걸어간다

지난밤 은하의 별들이 몰래 내려와
바다에서 돌아온 은어와 합궁하더니
강 이곳저곳에 정자들이 꿈틀거린다

오랜 세월
깊은 곳에서 숨죽이던 소리들
아기들의 칭얼거리는 소리
길게 한숨 쉬는 소리
애절하게 염원하는 기도 소리
한데 뒤엉켜 웅웅거린다

〈

소리에 취해 귀천하지 못한 별들
강물에서 퐁당퐁당 반짝거린다

두고 온 산하

−만주벌판

옥수수밭이 말잔등에 올라탄 채
바람을 가르며 달리고 있다

눈 덮인 들판
거칠고 차디찬 삭풍이 몰아치는
혹한의 폭력 앞에
키 큰 장정들이 눈알을 부라린다

흙먼지 날리는 광활한 황무지
얼음꽃이 그들의 수염에 와 앉는다
백두산에서 흑룡강까지
옛 고토를 수복하기 위한
치열한 전투

비바람에 부대껴 거죽은 너덜너덜하지만
눈에서 뿜어져 나오는 번득이는 광채는
섬뜩한 비수처럼 날카롭다

하늘의 수백만 드론 부대도

강력한 빛을 발사하고 있다
저 대책 없는 눈, 눈

길

좁은 시장 골목
정신 줄을 놓아버린 진눈깨비가
장떡 굽는 냄새에 스르르 안긴다

떡 파는 아낙의 온몸에 쌓이는 고단한 하루
찌그러진 막걸릿잔에 가득 찬 우수

시장 바닥에 질펀하게 회한이 흐르고
갈지자걸음의 취객이 토해내는 뽕짝 소리가
그을음이 되어 목젖에 달라붙는다

적막을 찢으며 날아오르는 쇠기러기
나는 잠시 올려다본다
어디로 갈 것인가
날개가 돋아나는 상념들이
서로 부딪히며 회오리친다

지금 어디쯤 있는 것인가.
새벽 물결 위로 그림자 하나 남겼을까

〈

진눈깨비가 취하더니 어느새 함박눈이 된다

그의 체취

그가 벗어 놓고 간 목소리
심장을 파헤치며 명치끝에 커다란 구멍을 낸다

사랑을 애타게 찾다 죽어가는 매미
소리는 칼이다

가득히 매미를 키운다
서럽게 목소리를 돋우다가
주체할 수 없이 뿜어져 나오는
쓰라리고 짜디짠 울음

불길한 별
이별을 예감한 것인가
그렇게 서두른 것은

겨울비 추적거리는 밤
텅 빈 방 안에 맴돌고 있는 그의 체취
소리를 끌어안고 흐느끼고 있다

빈집 골목

골다공증을 앓고 있는
바람 숭숭 뚫려 휑한 골목
잠에서 막 깬 가로등 불빛
어스레한 안개 속 잠행을 시작한다

사람 냄새 사라진 지 오래
가없는 적막에 가려 거무스레한 달빛
내려앉을까 말까 망설이는데
허기진 눈발
굳게 닫힌 대문을 더듬거리며 나풀 거린다

지붕이 내려앉을 것 같은 폐가엔
들고양이들 새끼를 치며 산 지 오래고
절절히 외로움을 앓고 있는 감나무
우두둑 툭툭
구부러진 관절 꺾이는 소리를 씹으며
하염없이 자리를 지킨다

연근 밭

전투가 벌어졌던 황량한 전쟁터
고개 숙인 총대 위에 철모가 너울거린다

뜨거운 태양 빛에 젊음을 자랑하며
울퉁불퉁 멋진 몸매를 뽐내던 근육질의 사내
피골이 상접한 초라한 모습으로
머리를 축 떨구고 있다

말라비틀어진 얼굴엔
온통 시커먼 검버섯이 자라고
곧 가을비라도 뿌릴 것 같은 우중충한 날씨
찬바람이 옆구리를 파고든다

눈보라 치는 겨울
얼어붙어 붉게 피로 물든 진흙밭

번민, 10초
– 29세, 심정민 소령의 죽음

구름 뭉치가 눈을 때린다
지난 순간들이 날개를 퍼덕이며 비상한다

시간의 얼굴에 미소가 드리운다
슬프게 흐느끼는 모습
순식간에 오버랩된다

하늘로 날아 버릴까
오른손에 잠깐 힘을 주어보지만
눈앞에 갑자기 달려드는 학교 운동장
불바다가 된 마을
마늘 비린내가 코를 찌른다

10초의 시간이 긴 꼬리를 늘인다

우주는 티끌의 세상
티끌마다 번민이 타고 있다

하늘로 오르는 열차

수직으로 뻗은 레일 위를 달리는 열차
수건을 동여맨 목청이 하늘을 찌르고
미끄러지며 내뿜는 파열음 소리
곤한 주말 새벽을 깨운다

미세한 분자들이 똘똘 뭉쳐진 두툼한 먼지 이불
울고 웃으며 켜켜이 쌓인 정이 서성거리며
삼십 년 내밀한 모습을 들춰낸다

철 따라 이동하는 철새들
하늘이 온통 자기들 놀이터인 양
동네 마실 다니듯이 오가고 있다

오감 한 움큼을 바구니에 챙겨
미지의 새로운 땅에 이식을 한다

그날이 오면
이삿짐에 무엇을 챙겨 넣어야 하나
나비가 지은 옷을 입고 불꽃 장단에 맞춰

한바탕 춤을 추다 보면
한 오라기 연기
하늘로 날아올라 가려나

도벽

날갯죽지 축축 늘어지는 잠 못 드는 여름밤
사정없이 달라붙는 무료를 어쩌지 못해
분리수거장을 기웃거리는 까치

야릇한 향기에 정신 줄이 팔려
다이얼 비누 한 덩이 몰래 물고 와
이리 굴리고 저리 굴리다가
콕콕 찍어 맛을 보는데
속이 미싱미싱 가슴이 울렁울렁

그러다가 한 입 뭉툭 깨무니
가슴속 깊은 곳에서 끄집어 올려진 탐욕 덩어리
미끄덩거리며 쑥- 빠져나가고

또 한 입 더 꼴까닥 삼키니
온몸에 물씬
정갈하고 신비스러운 향내가 퍼져
시나브로 솔부엉이 되었네

밤하늘을 날아올라

어둠을 헤치고 은하수를 건너네

늪

깊은 수렁 속으로 **빠져든다**
어둠에 그을린 목소리가 가슴을 짓누른다

심무深霧 속 온통 사방은 아득하고
무중력 상태로 둥실둥실

중력과 부력 사이에서
기억은 해초처럼 떠다니고 누군가
나를 부르는 소리를 뒤척이며
연신 손을 뻗어 보지만

벗어나 보려고 안간힘을 쓰면 쓸수록
방전된 몸은 허우적허우적
더 깊숙한 암연 속으로 **빠져든다**

그 끝은 어디인가
천근만근 바윗덩어리가 눌러온다
멈칫멈칫 가까이 다가오던

거친 발자국 소리
빨라지고 있다

카르마

바닥을 샅샅이 훑으며
비에 젖은 건반을 꽈당 눌렀다
키보드의 터치 감이 깊숙한 굉음으로 이어져
뜨거운 입맞춤 혀가 아리도록 짜릿했다

우주 바깥에서 가는 길을 지켜보다가
더 이상 그냥 지나칠 수 없는 듯
가파른 산비탈이 나를 놓아버렸다

침대에 눕혀진 사내의 주위로
백조들이 우르르 몰려든다
팔다리를 한 쪽씩 물고
하얀 불빛을 쏟아붓는다
부서진 조각들을 단단하게 나사로 조이자
헐렁한 쇠사슬이 제 자리를 잡는다

천 년 전 전생의 카르마 때문인가
무심코 내뱉은 독한 말 때문일까

〈

끝없는 회한의 그림자가 길게 드리워진다

저승의 거울

외발로 서 있는 왜가리
물여울 헤치고 기억의 한 모퉁이에서 비틀거린다

생각의 감옥에서 탈출하려 몸부림쳐 보지만
쭈글쭈글해진 상념들
바닥이 보이지 않는 심연에서
스멀스멀 기어 올라와
가뭇없이 스쳐 간 지난날을 잡아당긴다

허공에서 들려오는 먼 별들의 목소리
지치지도 않고 계속 중얼거린다

*죽음 저편 언덕에 경이로운 모험이
우리를 기다리고 있다
죽음 뒤에 사라져 버릴 모든 것을 다 내려놓아라
영원히 남을 것은 오직 한 가지
우리의 업이다

* 스웨덴 작가 '비욘 나티코 린데블라드' 숲속의 현자가 전하
는 마지막 수업 "I may be wrong"에서 패러디.

복합 환승센터

쩌억쩍 자기장의 저항이 멈추지 않을 것 같은
늦은 밤 길게 늘어선 줄 속
마주 서 있는 몸짓이 아닙니다

떠나는 차창을 올려다보면
버스도 애처로워 주춤거립니다

수선화 향기가 살포시 묻어나는 얼굴
괜스레 축축해진 심경도
환하게 비추는 선한 마음을 쬐다 보면
한순간 뽀송뽀송해집니다

욕탕의 뜨거운 포말 속에서
지친 몸 비몽사몽으로
아릿하게 밀려오는 그리움
이 밤이 너에게로 스미는 삼투
애타는 소리 꾸덕한 불면의 밤입니다

얼레지

연인산은 춤추는 발레리나
하늘 속을 들락거린다

푸른 바람 깽깽이를 켠다
발끝으로 지신地神의 등에 오르고
양손을 뻗어 천신을 부른다

하늘을 훨훨 나는 나비
하늘하늘 나풀거린다
벅찬 가슴을 누르고 날아오르는
절정 여인의 요염한 자태

능청거리며 어깨를 들썩거리니
날고뛰는 신명에
한 생애가 곰삭아 발효된다

휴일 종합병원

시간이 멈춘 공간
숨을 멈추라고 고함치던 엑스레이
졸리는 듯 눈을 껌뻑거리며
꽃 빛으로 몽롱하다

숨 가쁘게 몰아치던 인파의 물결
산사의 풍경소리가 들리는 듯 유유하고
빈틈없이 꽉꽉 채우던 지하 5층 주차장
오싹한 기운이 텅 빈 뇌리를 옥죈다

자정이 넘은 시간
119의 요란한 사이렌 소리가 다급하다
심장초음파 바늘이 심하게 발길질하다
힘없이 멈추어 서고

북녘으로 가는 야간열차에
줄을 서서 기다리는 사람들
자욱한 심연 속
한 오라기 연기가 되어 하늘로 날아오른다

미지의 세계, '소리'로 오는 그리움의 빛깔

전해수(문학평론가)

김도봉 시인의 두 번째 시집 『첼로가 그리는 가을』은 계절의 소리와 빛깔로 가득하다. 그것은 시집 제목에서도 암시되는 바, 구체적으로는 첼로의 운율로 현악기의 선율을 긋는 '소리'의 향연들과 함께하는데, 이 '소리'들이 꽃의 상상력을 동반하면서 계절을 형상화하는 빛을 품어낸다.

요컨대 김도봉 시인의 이번 시집은 계절이 표상하는 삶의 '시간'들을 더듬어가며, 우주, 자연, 삶으로 교차하는 '별'과도 교감하고자 하는 시인의 열망이 내재되어 드러난다. 김도봉 시인은 이번 시집을 통해 '소리'로 오는 그리움의 세계를 사유의 정원 안으로 불러들여, 꽃의 빛깔로 채색해낸다. 시집의 많은 부분에서 고흐와 샤갈의 화폭이

새로이 돋고, 아를의 창가에 걸린 메마른 라벤더의 보랏빛
향기가 되살아나며, 뤽상부르 공원에 흐르는 첼로의 음률
이 밤공기를 가르며 저 하늘의 '별'에 다다르고 있음을 확
인할 수 있다.

깊은 잠에서 허우적거리던 모르스 부호가
날렵한 몸짓으로 날아들어
살포시 눈을 뜬 꽃잎 위에 앉는다

무감각이던 뇌신경 회로에 불꽃이 튀고
어둠 속 커튼 사이로 오로라가 비치면
얽히고설킨 암호가 풀리기 시작한다

초원 속 제어할 수 없는 마차는
강기슭을 뒤집는 사나운 바람으로 휘몰아치고
극렬한 변주곡 속으로 빠져든다

망설임의 함정을 빠져나와
파르르 떨리는 입술

오선지는

나비가 팔랑팔랑 날아가듯 뽀송뽀송해지고

밀밭으로 선율이 길게 길을 내면

음표는 아득하게 나른해진다

─「봄을 내는 길」 전문

계절로 들어서는 입구에서 만난 위 시는 시인이 왜 그토록 음악을 사랑하는지를 느끼게 한다. 무릇 시인에게 계절은 음표로 온다. 따뜻한 온기든 차가운 이국의 밤을 체감하게 하는 낯선 곳의 공기든 김도봉 시인에게는 이 모든 자연과 인위적인 것들이 모두 '소리'로 오고 있다. 즉, 위의 시 「봄을 내는 길」에서 시인이 마주한 계절은 "모르스 부호"로 신호음을 발산하는 소리의 첫걸음과도 가까이한다. 봄을 맞이하며 시인의 "무감각이던 뇌신경 회로에 불"을 붙이게 하는 것이 "선율"과 "음표"를 통해 표상된 '소리'의 세계임을 위 시는 다시금 확인하게 한다.

그런데 "밀밭으로 선율이 길게 길을 내"는 시인의 계절은 봄을 통과하면서도 가을과 겨울에 다다르고 있음을 주시해야 한다.

가을비 음산히 흩뿌리는 날

숲속에서 꿈꾸던 바람 소리에

가을비 자박자박 가랑잎을 밟고 있다

부드러운 곡선이 반복되어 흘러가는 세느강
물 어귀를 넘나들던 풀벌레 울음소리도 잦아들고
움켜쥐고 있던 상념에 빗물이 내린다

박음질 된 내재율을 가슴에 안고
흘러간 시간들을 해후하면
느슨한 첼로가 늦가을을 그린다

땅속을 파고드는 음울한 음률

벤치에 몸을 웅크리고 있는 노신사 어깨 위에
흐느끼는 고혼
밤공기를 가른다

　　　　　　　　　　－「첼로가 그리는 늦가을」전문

　위 시 「첼로가 그리는 늦가을」은 가을의 곡조가 "고혼"
을 감각 하게 하는 "첼로"의 음울한 선율에 일순간 "밤공
기"를 가르며 닿는 시인의 감정이 다가가 실린다. 시인은
지금 세느 강변의 물 어귀를 내려다보며 상념에 젖어 있

다. 사위는 풀벌레 소리와 가랑잎을 밟고 지나가는 가을 비가 내리고, 벤치에 몸을 웅크린 노신사의 어깨 위로는 첼로의 묵직한 선율이 흐르고 있는 것이다. 그렇다. 한 편의 단막극처럼, 흐르는 시간과 공간이 강어귀의 풀벌레 울음소리를 회색의 음울한 음률로 전환하게 하는 것은 강변을 타고 흐르는 첼로의 선율 때문이다. 김도봉 시인은 지금 "흘러간 시간들을 해후"하는 중이다. 첼로의 선율에 세느강이 부드러운 곡선으로 흘러가는 장면도 시인은 가슴에 안는다.

위 시는 이국에서의 가을 풍경이 뇌리에 상상된 '소리'의 선을 따라 아름답게 그려져 있으며, "고혼"으로 집약된 노신사의 감정이 흘러간 시간과의 해후를 고요히 맞이하고 있음을 엿볼 수 있다.

알프스 설산이 성큼성큼
론강으로 들어갈 때
이 밤 나도 지중해로 간다

엷은 카스테라빛 건물들
가로등 불빛이 을씨년스럽게 흔들리는 거리로
홀연히 오는 이는 누구인가

〈
정신병동 창가에 걸린 메마른 라벤더
보랏빛 향기가 몽롱하다

귀를 자른 청년이 웃고 있다
가난, 우울, 공황
압박에서 벗어나 승리한 듯

녹슨 총에서 불빛이 번쩍 인다
늘 꿈속에서 간절히 그리워하던 별
눈앞에 너울거린다
한 오라기 빛이 훨훨 날아오르고 있다

－「아를의 겨울」 전문

  특히 시인이 아를에서 만난 화가 고흐는 김도봉 시인에
게 특별한 인상을 남긴 듯하다. 계절의 메마름을 체감하
게 한 것이 고흐 때문일까, 아니면 아를의 풍경 때문일까.
과연 그것뿐만은 아닐 것이다. 시인에게 "겨울"이란 계절
역시도 봄, 가을과 다르지 않은, 메마른 세계와 함께한 탓
일 것이다.
  아를의 겨울이 위 시에서 낙착된바, "가난, 우울, 공황"

의 단어로 점철된 것은 그곳에서 추운 겨울을 보낸 고흐의 인생을 떠올린 때문일 것이다. 알프스 설산을 지나고, 론강을 지나 홀연히 걸어 온 이는, 시인에게 투영된 고흐가 맞닥뜨린 아를의 몽롱한 겨울 즉 "정신병동 창가에 걸린 라벤더/ 보랏빛 향기"를 품은, "간절히 그리워하던 별" 하나의 존재와도 같다.

김도봉 시인은 고흐의 삶을 떠올리게 한, 아를의 겨울을 위 시를 통해 온전히 마주하고 있다. 쓸쓸한 인생의 한가운데에 "훨훨 날아오르"는 빛, "총구의 불빛"마저 별빛임을 그 총구의 빛이 "늘 간절히 그리워하던 빛"의 형상과 닮아있는 것은 역설적이다. 처연한 "아를의 겨울"이 시인에게도 홀연히 오고 있는 것이다.

붉게 타오르는 폭풍해일이
마을을 집어삼키고
이 산 저 산을 지배한다

수많은 생명이 쓰러질 때 비명소리
허공에서 맴돈다

육신을 벗어난 영혼들

고흐의 별이 되어 반짝거린다

생명들 사라진 자리에
별빛이 앞다투어 내려오고

우주의 씨앗
비명소리 지나간 자리에 파종을 한다

빛들의 싹
별들의 숲

다시 우주로 오르는 길이 열린다

- 「별들의 숲」 전문

　　고흐는 김도봉 시인에게 특별한 시적 영감을 주고 있
다. 고흐의 그림처럼, 별이 빛나는 밤에, 시인이 맞닥뜨린
"육신을 벗어난 영혼들"은 "다시 우주로 오르는 길"문을
연다. 이내 "생명이 사라진 자리에/ 별빛이 앞다투어 내려
오"는 세계의 끝에서 "우주로 오르는" 별의 길이 뜻밖의
"비명소리 지나간 자리"에 되 열린다.
　　김도봉 시인은 「별들의 숲」에서 "빛들의 싹"이 "별들

의 숲"을 이루는 과정을 목도하고 있는 것이다. 고흐처럼,
"육신을 벗어난 영혼들"이 죽음을 건너는 "별"이 되어 반
짝거린다. 별이 김도봉 시인의 시 안에서 새로운 생명성을
부여받고 자라나게 된다.

허리 굽은 밀레가 걸어 나와
이삭줍기할 듯한
더 넓은 바르비종

고뇌에 찬 얼굴
외로움과 청정함이 가득한데
퐁텐블로 궁전으로 그를 불러낸다

화전민이 버리고 간 강원도 오두막에서
날마다 버릴 것을 갈구한 님
개울물 소리 따라와 친구가 된다

얽매이지 말고
텅 비어 있어야 거기 울림이 있다고
그래야 신선하고 활기차게 살 수 있다고
〈

유난히도 꽃을 좋아하다가

아름다운 봄날 떠나간 당신

어린 왕자가 사는 작은 별나라로

장미 한 송이 꺾어 들고

훌쩍 가버린 님

– 「울림」 전문

아를의 고흐와 함께 한 김도봉의 시에는 이외에도 바르비종의 밀레가 함께 있다. 시인은 "고뇌에 찬 얼굴"에서 들판을 가득 물들인 들풀과 꽃과 별을 소환한다. 그것은 밀레가 꿈꾸던 "더 넓은 바르비종"과 고뇌에 찬 얼굴들이 "외로움과 청정함"으로 시인을 마주하는 곳, 바르비종은 어느새 "강원도 오두막"에서 개울물 소리를 듣고, 그 시절의 어린 화자를 불러내어 "울림"을 주고 있다.

시 「울림」은 바르비종의 「이삭줍기」가 탄생한 밀레의 장소를 찾아간 시인이 뜻밖에도 유년의 화자인 자신을 마주하며, 마음의 울림소리를 경청한 후, 도달한 시편으로 보인다. 바르비종을 통해 "화전민이 버리고 간 강원도 오두막"에서 듣던 "개울물 소리"가 되살아나 들리고, "얽매이지 말고/ 텅 비어 있어야 거기 울림이 있다고 /그래야 신

선하고 활기차게 살 수 있다고" 말하던, 유난히 꽃을 좋
아하던 당신이 떠나간, 유년의 그곳을 소환한다.

숲속을 걷는다
생의 마지막을 떠나보내기 아쉬운 듯
풀벌레들 울부짖으며 길을 막는데

붉게 빛을 발하던 환상의 숲
음습한 바람이 뼛속을 파고들어
황량한 행성이 된 젖은 마음이 눅진거린다

저 호수 위에 떠 있는 검은 배
누구를 데리러 저승에서 왔나
아무리 손을 뻗어도 달아나 버리던 작은 새
이젠 보내 줘야지

빗방울 흩날리는 파동으로
잠시 잊었던 우수의 선율이 다시 폴짝거린다.

— 「10월의 비스바덴」 부분

이처럼 김도봉 시인의 시에는 우수의 선율, 고독의 선율, 그리움의 선율이 '소리'로 그득하다. 파동을 일으키는 그 선율은 이국적 배경과 함께한 시간 안에서 더욱 선명해진다.

위 시는 퐁텐블로 궁전의 숲속 길처럼, 10월의 비스바덴 숲과 호수를 환상의 장소로 깨어나게 한다. 잘 알려진 대로, 비스바덴은 독일 중부의 대표적인 도시이자 유럽에서 가장 오래된 온천 도시이다. 비스바덴은 '술 속의 온천'이라는 뜻을 가진 단어를 도시 이름으로 사용한 것처럼, 유서 깊은 곳이다. 이곳은 브람스와 괴테가 영감을 얻은 장소로도 유명하지만, 라인강과 타우누스 산맥이 인접하여 경이로운 자연이 조화를 이루고 있는 곳이기도 하다.

그런데 시인은 「10월의 비스바덴」을 통해 "음습한 바람이 뼛속을 파고"드는 감정을 느끼고 있다. 그것은 "생의 마지막"을 떠나보내지 못하는 이가 "저승에서 온 검은 배"를 외면할 수 없는 복잡한 감정의 "파동"을 겪는 '선율'로 요동친다(시인은 "폴짝거린다"는 표현을 사용하고 있는데, 이러한 표현은 상황의 비극성을 희극성으로 변모시키는 매우 상징적이면서도 창의적인 표현으로 다가온다) 음울한 죽음의 그림자는 「카르마」에서 회한의 그림자로 다시 상기된다.

바닥을 샅샅이 톺으며

비에 젖은 건반을 꽈당 눌렀다

키보드의 터치 감이 깊숙한 굉음으로 이어져

뜨거운 입맞춤 혀가 아리도록 짜릿했다

우주 바깥에서 가는 길을 지켜보다가

더 이상 그냥 지나칠 수 없는 듯

가파른 산비탈이 나를 놓아버렸다

침대에 눕혀진 사내의 주위로

백조들이 우르르 몰려든다

팔다리를 한 쪽씩 물고

하얀 불빛을 쏟아붓는다

부서진 조각들을 단단하게 나사로 조이자

헐렁한 쇠사슬이 제 자리를 잡는다

천 년 전 전생의 카르마 때문인가

무심코 내뱉은 독한 말 때문일까

끝없는 회한의 그림자가 길게 드리워진다

　　　　　　　　　　　　　　　－「카르마」 전문

환기하는바, 위 시의 소재이자 주제가 된 "카르마"는 산스크리트어 카르마(Karma)에서 유래한 말이며, '업보'를 뜻한다. 예컨대 현재의 행위가 과거 행위의 결과이며, 미래에도 분명 영향을 끼친다는 종교적 신념이 적용된 개념이 카르마라 할 수 있다. 카르마는 인도의 인과율 개념과 유사하지만, 매일의 선택과 행동이 내일의 결과로 이어진다는 점을 기억하면 카르마가 품은 업(보)의 진리는 인연설과도 만난다.

위 시 「카르마」는 마지막 구절 즉 "끝없는 회한의 그림자"를 드러내고자 한 시인의 감정(갈등)이 엿보인다. 그것은 예술적인 경이로움을 품고 있는 자가 마주한 회한에 가깝다. 시인은 문학뿐만 아니라 "비에 젖은 건반"이 암시하듯 음악가의 예술적 경지와 "우주 바깥"으로 상상되는 고흐, 샤갈, 밀레 등 예술가의 죽음에 대한 안타까움을 "말"로 표상된 언어적 한계와 같은 선상에서, 해석하고자 한다. 김도봉의 시에 계절을 타고 흐르는 음악의 선율이 흐르는 것도, 고흐를 비롯한 예술가의 죽음을 직면하고 있는 것도, "카르마"로 통찰할 수 있는 시인의 깨달음이 전제된다고 말할 수 있을 것이다.

연인산은 춤추는 발레리나

하늘 속을 들락거린다

푸른 바람 깽깽이를 켠다
발끝으로 지신地神의 등에 오르고
양손을 뻗어 천신을 부른다

하늘을 훨훨 나는 나비
하늘하늘 나풀거린다
벅찬 가슴을 누르고 날아오르는
절정 여인의 요염한 자태

능청거리며 어깨를 들썩거리니
날고뛰는 신명에
한 생애가 곰삭아 발효된다

- 「얼레지」전문

   생을 마주하는 시인의 시선은 얼레지 즉 봄철에 분홍빛
으로 피어나는 꽃의 생기에 머문다. 그런데 "얼레지"는 뿌
리에 가까운 땅이 아니라, 저 별 바로 '하늘'을 향해 있다.
얼레지는 땅에 뿌리내린 꽃이 아니라 "하늘 속을 들락거
린다". 저 혼자 "발끝으로 지신의 등에 오르고" 있다. 얼레

지는 "천신을 부"른다.

시인의 "얼레지"는 한 떨기 꽃에 머무르지 않고, "연인 산 춤추는 발레리나"가 되어, 별과 바람과 음악과 미술 바야흐로 예술의 선율을 향한 시인의 카르마가 되어, 과거를 지나 현재에 이르고 결국 하늘을 지향하는 사랑의 세레나데를 보여준다. 시인의 "한 생애가 곰삭아" 펼쳐 보이는 '사랑'이 된다.

혹독하고 낯선 길을 걷고 또 걸어
미지의 세계로 알을 깨고 나온다

그 누군가에게 향기를 전하려고
자기를 돌아 볼 시선들을
소리없이 길러내고 있지

간절하게 원하던 색을 기억하며
겨우내 길어 올렸던 기다림의
빛깔을 건네고 있지

－「꽃의 상상력」 부분

미지의 세계로 알을 깨고 나오는 그것은 또 다른 자아

인 데미안의 영감을 닮아있다. 다만, 이 자아는 성장한 자아이자 상상력으로 가득한 예술적 자아에 다름 아니다.

"기다림의 빛깔"이 시인을 우주와 자연을, 꽃을, 선율을, 바라보는 상상력의 원천임을 알 수 있을 것이다. 김도봉의 시는 미지의 세계를 읽고자 하는 시인의 염원이 마침내 시적 상상력마저도 '소리'로 듣고 있다.

미네르바 시선 088

첼로가 그리는 가을

초판 1쇄 발행 2025년 10월 31일

지 은 이 김도봉
펴 낸 이 한춘희
펴 낸 곳 지성의 상상 미네르바
등록번호 제300-2017-91호
등록일자 2017. 6. 29.
주   소 03131 서울특별시 종로구 율곡로 6길 36, 월드오피스텔 802호
전   화 02-745-4530
전자우편 minerva21@hanmail.net

ISBN 979-11-89298-86-9(03810)

값 12,000원